AF242783

SUR L'AMNISTIE

QUE L'ORDONNANCE

DU 13 NOVEMBRE 1816 ACCORDE AUX MILITAIRES QUI ONT SUIVI LE ROI A GAND. (1)

Par un Membre de la Chambre de 1815.

Depuis long-temps les hommes dévoués à la monarchie légitime, se demandent avec inquiétude ce que veut le Ministère. N'est-ce que par erreur, par une imprudente confiance qu'il est dupe de conspirateurs bien autrement dangereux que les

---

(1) Si quelques personnes étaient tentées d'accuser ce titre d'inexactitude ou d'ultra-royalisme, il est important de leur apprendre que l'Ordonnance portait littéralement le mot *Amnistie*; qu'elle a été délivrée ainsi à deux officiers condamnés par les Conseils de guerre de Buonaparte; et que les vives réclamations d'un Ministre dont la noble conduite aurait eu besoin aussi de cette Amnistie, ont fait changer sa rédaction.

Le changement n'est pas heureux; le Roi n'a pas le droit d'*annuller des jugemens*; la Cour de cassation seule a ce pouvoir; le Roi ne peut que *faire grâce*.

Mais des actes qui, au nom de Buonaparte, condamnaient à mort des militaires pour avoir répondu à l'appel du Roi, sont-ils *des Jugemens!* Voila toute la question. Le Ministère l'a décidé affirmativement; car on n'a pas besoin d'anéantir ce qui n'est pas. En décidant ainsi, le Ministère a reconnu la légitimité de Buonaparte dans les cent jours; il a consacré la doctrine du *gouvernement de fait*.

I

Patriotes de 1816 (1) ? ou sa conduite est-elle conséquente à ses principes, et ses principes sont-ils précisément ceux des Révolutionnaires ?

L'un et l'autre ne serait pas moins funeste ; et le 20 Mars nous a déjà prouvé que l'incurie n'était pas moins que la trahison capable de renverser un trône.

Mais on peut espérer que celui qui se laisse surprendre, ouvrira les yeux ; que l'imprudent écoutera les conseils de la sagesse. Tout est perdu au contraire, quand l'erreur est systématique. Alors celui qui se trompe est dupe de sa propre conscience ; plus il s'éloigne de la vérité, plus il se croit conséquent ; c'est le pilote Athamas qui voyait un faux ciel, une fausse terre, une fausse Ithaque, et repoussait durement les conseils des passagers dont les yeux n'étaient pas fascinés.

Depuis que le Moniteur du 5 janvier a publié l'Ordonnance rendue le 13 novembre, il n'est plus possible de se dissimuler l'étendue du mal. Les Ministres d'un Roi qui serait illégitime, si les principes qui ont produit la Révolution étaient vrais ; d'un Roi qui, déjà proscrit deux fois par l'application de ces principes, le serait une troisième, s'ils obtenaient en-

---

(1) On sait que c'est le titre que prenaient Pléignier et quelques autres misérables condamnés à mort il y a environ six mois.

core un triomphe, avouent ces mêmes principes comme la règle de leur conduite.

Plus d'un honnête homme n'a peut-être aperçu dans l'Ordonnance du 13 novembre, que la mesure qui paraît en faire l'objet, et le nombre de ces honnêtes gens à vue courte, est malheureusement bien considérable. Comme nous, ils sont attachés à la légitimité ; mais on dirait qu'exclusivement occupés du désir et du besoin du repos, ils ne craignent rien tant que d'être forcés à jeter les yeux sur l'avenir.

Tandis que les révolutionnaires ont vu avec joie, dans l'Ordonnance du 5 septembre, le licenciement des royalistes, et le premier pas vers un changement de dynastie, ces honnêtes gens n'y trouvaient qu'un usage de la prérogative royale ; et tandis qu'à leur tour, en lisant l'Ordonnance du 13 novembre, ils trouvent tout naturel qu'on *annulle* des jugemens rendus *pour désertion* contre des militaires qui ont suivi le Roi à Gand, les révolutionnaires démêlent avec complaisance, dans le préambule de l'Ordonnance, leur doctrine chérie du *gouvernement de fait.*

Cependant, tout se réduit à ceci : Le Roi croit-il ou ne croit-il pas à sa légitimité ? Aime-t-il mieux être Roi par la grâce de Dieu, par son droit propre, que par la volonté du peuple ?

L'Ordonnance du 13 novembre me paraît avoir résolu cette question contre le Roi, et en faveur des principes révolutionnaires.

Elle *annulle* les condamnations prononcées, pendant les cent jours, au nom de Buonaparte, contre les militaires qui ont suivi le Roi à Gand, parce qu'*il est juste de les mettre à l'abri de toute inquiétude et de toutes recherches pour l'avenir, à raison d'un fait qui, bien que contraire à la lettre des règlemens militaires, ne peut avoir rien que d'honorable pour eux.*

Ainsi le Ministère reconnaît en termes précis :

1.º Que sans une Ordonnance qui annulle les condamnations dont il s'agit, elles devraient avoir leur effet;

2.º Qu'avoir suivi le Roi à Gand, expose à des recherches pour l'avenir;

3.º Que ce fait était contraire aux règlemens militaires.

Or, ces trois propositions sont le renversement de tous les principes sur la légitimité ; elles établissent la doctrine du gouvernement de fait ; elles fournissent tous les moyens que peuvent désirer les révolutionnaires pour arriver au changement de dynastie, qui fait depuis un quart de siècle l'objet de tous leurs efforts.

Les condamnations ont été prononcées

par les ordres et au nom d'un chef de parti qui s'était mis à la tête d'une troupe de révoltés ; puisque les Ordonnances des 9 et 11 mars déclarent Buonaparte et ceux qui lui prêteraient directement ou indirectement aide et assistance, traîtres et rebelles.

Or, les condamnations qu'un rebelle aurait fait prononcer par d'autres rebelles, contre ceux qui ne partageoient pas leur criminelle conduite, ont-elles pu survivre à la rebellion ? Si l'infortuné président Brisson eût échappé au supplice que la Ligue lui fit subir, une Ordonnance de Henri IV eût-elle été nécessaire pour qu'il allât reprendre ses fonctions au Parlement, sans crainte d'*inquiétude et de recherches pour l'avenir ?* Pendant les désordres de la Ligue, plus d'une condamnation par contumace fut prononcée contre des royalistes. Henri IV, à qui on ne refusera pas le talent d'avoir su gouverner, publia-t-il une Ordonnance pour les annuller ?

Sans doute, lorsqu'une insurrection contre le Souverain légitime devient si étendue, acquiert une durée si grande qu'il y ait une suspension réelle de son autorité, il émane de ce que l'usurpateur appelle son gouvernement des actes qui continuent d'avoir leur effet après que l'autorité légitime a repris son exercice.

Ainsi les tribunaux ont décidé les contestations entre les citoyens ; les officiers de l'état civil ont fait les actes de mariage ; les notaires ont reçu les contrats, et le retour du Souverain ne frappe aucun de ces actes de nullité. Par une présomption que le bien public a introduite, on suppose que le Souverain a voulu que les actes nécessaires aux rapports entre les citoyens, les actes sans lesquels la société ne subsisterait pas , continuassent d'être faits en son absence. Mais ces actes ne tirent point leur force de l'usurpateur, ils la doivent au consentement présumé du Souverain véritable, et voilà pourquoi une Ordonnance du 19 août 1815 veut que le nom du Roi soit substitué à celui du gouvernement usurpateur, dans tous les actes passés et jugemens rendus depuis 1792.

Cette présomption peut-elle s'appliquer aux condamnations qu'un usurpateur aurait fait rendre contre ceux qui refusaient de le servir ? Non, sans doute ; car la raison du bien public, du consentement tacite, n'existe plus. Henri IV n'était pas présumé vouloir que le président Brisson fût condamné à mort ; Louis XVIII n'est pas davantage présumé avoir voulu la condamnation des militaires qui l'avaient suivi.

Le développement de ces principes

fournirait la matière d'un volume ; mais ce volume n'en diroit jamais autant que la conscience à ceux qui n'admettent ni la *souveraineté du peuple*, ni la légitimité du *gouvernement de fait*.

Il est vrai que pour ceux qui professent cette doctrine, il doit en être autrement. Si Buonaparte a eu, pendant les cent jours, d'autres droits que ceux de la force ; s'il a eu les droits d'un *gouvernement*, ses actes sont obligatoires pour le gouvernement qui le remplace, jusqu'à ce qu'ils soient régulièrement abrogés. Je conçois dans ce système la nécessité de l'Ordonnance du 13 novembre dernier ; mais bien d'autres encore me semblent nécessaires : il faut une Ordonnance qui mette à l'abri *de toutes les recherches pour l'avenir* ceux à qui un Décret du 12 mars 1814, inséré au bulletin des lois, sixième série, n.° 10, enjoint de faire le procès, comme coupables d'avoir concouru *au renversement du trône impérial*; il faut une Loi pour abroger le fameux acte additionnel, inséré au bulletin, n.° 19, qui exclut à perpétuité les Bourbons et *interdit aux citoyens le droit de les appeler au trône, même en cas d'extinction de la dynastie impériale* ; il faut enfin une Ordonnance pour abroger le Décret du 25 mars, inséré au bulletin, n.° 11, par lequel, *en*

*vertu des lois, des assemblées dites na-
tionales, les membres de la famille des
Bourbons doivent être traduits devant
les tribunaux pour y être condamnés à
mort.*

Assurément ces décrets ne sont ni plus
ni moins nuls par le fait, que les jugemens des conseils de guerre de Buonaparte, contre les militaires qui ont suivi
le Roi à Gand ; et qu'on n'objecte pas
que ces jugemens étaient portés sur des
registres et dans les dépôts publics ; il
fallait bien leur ôter cette existence légale. La difficulté est la même pour les
décrets qui viennent d'être cités. Ils sont
en entier dans le bulletin des lois, recueil
qui n'est ni moins authentique, ni moins
officiel que les registres des conseils de
guerre.

Vainement ajouterait-on que le bulletin
des lois des cent jours ne peut obliger le
Roi ; cela est vrai pour les royalistes,
mais non pas pour les partisans de la
doctrine du gouvernement de fait. Je
prétends que tous les jours les actes du
Ministère supposent l'existence légale de
ce recueil, dont on exécute les Décrets
comme on exécuterait les Ordonnances
de Louis XIV, et les Ministres n'imitent
pas même Buonaparte, qui, mieux avisé,
n'avouait jamais l'existence légale des Ordonnances du Roi, mais permettait, par

un Décret spécial, l'exécution de celles qu'il jugeoit utile de maintenir. Je réponds enfin que le bulletin des lois des cent jours est si bien légal et obligatoire, que grâce au soin de M. Pasquier, Ministre de la justice, au lieu de reprendre, en juillet 1815, l'ordre des numéros de la cinquième série, tel qu'il était le 19 mars, on a commencé une septième série, afin d'assurer irrévocablement la légalité de la sixième, qui est celle des cent jours.

Réduisons, au surplus, la question à ce syllogisme, qu'on réfutera si l'on peut. Il n'était nécessaire d'annuller les condamnations prononcées au nom de Buonarte, contre les militaires qui ont suivi le Roi à Gand, que si elles pouvaient avoir sous le gouvernement du Roi une existence légale ; or, elles ne pouvaient avoir cette existence légale que si Buonaparte avait eu droit de les faire prononcer ; en les annullant, on reconnait donc ce droit, on avoue la doctrine du gouvernement de fait.

Mais au tort si grave d'avoir fait l'Ordonnance du 13 novembre, s'en joint un qui n'est pas moindre, celui d'avoir consacré les principes les plus funestes à la légitimité.

Les Ministres reconnaissent qu'*il est juste de mettre les militaires qui ont*

suivi le Roi à l'abri de toute inquié-
tude et de toute recherche pour l'avenir.

Une action qui pourroit exposer à *des*
inquiétudes et à *des recherches pour*
l'avenir, doit être une action défendue,
ou par la loi, ou par la conscience qui
est aussi une loi.

Dès qu'il s'agit de *militaires* qui, *fi-*
dèles à leurs sermens, ne voulurent pas
suivre l'usurpateur ; dès que leur conduite est honorable, il est clair qu'ils
n'ont rien fait contre la conscience. Peut-
être la fidélité aux sermens, le refus de
servir un usurpateur, seront long-temps
encore une véritable *duperie*, comme la
vertu qui, déjà du temps de César, n'était
qu'un vain mot; mais assurément le plus
déhonté révolutionnaire ne dira point que
ce soient là des actions centre la conscience.

D'un autre côté, le Roi dans sa Pro-
clamation du 19 mars, avait déclaré l'armée *rebelle*, et convoqué pour le suivre,
le petit nombre des braves que l'intri-
gue et la perfidie ne parviendraient
point à détacher de leurs devoirs; par
Ordonnance du 23 mars, il avait *licencié*
l'armée, *ordonné à tous officiers et sol-*
dats de se rendre dans leurs foyers, et
autorisé tout Français à se soustraire,
même à main armée, à l'enrôlement
sous les drapeaux de Napoléon Buo-

naparte. Il est donc évident que la loi commandait l'action dont il s'agit, et quand la conscience et la loi sont d'accord, on a droit de demander ce qui pourrait motiver *des inquiétudes et des recherches pour l'avenir*.

Au surplus, de quel avenir entend-on parler ? Ce n'est pas, sans doute, un second 20 mars ; il serait tout aussi affligeant de le voir prévu dans une Ordonnance du Roi, que de le croire préparé par ses propres Ministres !

Comment pourrait-il cependant se faire qu'un jour sous le gouvernement du Roi, ceux qu'il appelait à lui à Gand, fussent *inquiétés ;* que ceux qui lui obéirent en quittant les drapeaux de Buonaparte , fussent recherchés pour cette conduite ?

Qu'on s'explique donc : on veut mettre à l'abri d'inquiétudes et de recherches pour l'avenir ; cet avenir n'est pas celui d'un usurpateur , le Roi ne peut le supposer ; cet avenir ne saurait être celui du gouvernement légitime, le Roi ne peut désavouer ses ordres, et faire tirer sur ses propres soldats. Quel est donc cet avenir ? La doctrine du gouvernement de fait ne répond que trop bien à la question ; mais était - ce dans une Ordonnance du Roi qu'on devait trouver l'aveu que l'armée *licenciée pour cause de rébellion ,* a continué d'avoir sous les ordres d'un traître, une existence légale et des règlemens dont *la lettre* défendait à chacun de ses membres d'obéir au Roi légitime ?

C'est vainement qu'on se retrancherait sur la nécessité de maintenir la discipline et la loi d'obéissance passive parmi les militaires. L'armée licenciée par le Roi n'avait plus de règlemens obligatoires ; une seule loi existait pour ceux qui la composaient, *l'ordre du Roi* de se rendre dans leurs foyers.

Dira-t-on que l'Ordonnance du licenciement, donnée à Lille le 23 mars, ne fut pas assez connue ? La seule conséquence raisonnable qu'on puisse en tirer, c'est que ceux qui ne la connaissaient pas seraient excusables, mais on ne peut en conclure, en bonne logique, qu'elle n'a pas été obligatoire pour ceux qui l'ont connue. Mais encore peut-on avouer dans une Ordonnance royale, que l'obéissance à cette loi fût *contraire à la lettre des règlemens militaires ?*

Voilà une réponse de fait ; les vrais principes en fournissent une plus décisive. Dans toutes les crises qui attaquent l'existence du gouvernement, les lois positives sont sans application. On ne peut invoquer celles de ce gouvernement contre lui-même ; car ce n'est ni dans cette vue qu'elles ont été données, ni dans cette intention qu'elles ont été jurées : on ne peut invoquer les lois de l'usurpateur ; car c'est admettre le gouvernement de fait, contre lequel toute légitimité viendra toujours se briser.

Dans ces crises affreuses, il ne reste plus qu'une sorte de droit naturel. Les principes de la légitimité et de la fidélité subsistent seuls, parce qu'ils sont antérieurs aux lois positives dont celles-ci ne sont que les conséquences, et chacun est tenu de s'y conformer suivant sa position. Le devoir d'un militaire n'est pas autre que lors d'une guerre étrangère, il doit combattre les rebelles, tant qu'une force supérieure ne rend pas ses efforts inutiles, et dans ce dernier cas, il ne peut pas davantage se joindre à eux, qu'il ne lui est permis de passer dans les rangs de l'ennemi dont il serait prisonnier.

Le Ministère s'est - il imaginé avoir sauvé les principes, en déclarant que le fait d'avoir suivi le Roi à Gand, bien que contraire à la lettre des règlemens militaires, ne peut qu'être honorable? De quels règlemens militaires entend - on parler? De ceux du Roi ! Ils défendaient de servir Buonaparte ; ils ordonnaient de marcher contre lui : depuis un an la cocarde blanche, le drapeau blanc étaient déclarés seuls légitimes. Ce ne fut donc pas agir contre *la lettre* des règlemens, que d'aller se ranger auprès du Roi, d'abandonner des régimens qui avaient arboré les couleurs de la rebellion.

Entend - on parler des règlemens de Buonaparte ? Alors on admet le gouvernement de fait ; on reconnaît qu'au mois de mars le Roi cessa d'être Roi ; que Buonaparte fut son successeur pendant cent jours, et qu'à son tour, le Roi n'est que le successeur de ce *rebelle ;* les Ministres du Roi ne peuvent avoir cette pensée : cependant elle forme tout le sens, toute la signification de l'Ordonnance du 13 novembre 1816. C'est dans ces *termes absolus* qu'on avoue l'existence légale des règlemens militaires, dont *la lettre* défendait de suivre le Roi ; ce n'est que dans ceux d'une simple possibilité, qu'on reconnaît ce qu'une telle action a *d'honorable.*

Les Ministres ne craignent - ils donc pas les conséquences que les révolutionnaires en tireront, et pour le *passé* et pour l'*avenir* ?

Pour le passé, on soutiendra que les émigrés furent coupables ; car abandonner le sol français, était contraire aux lois civiles et militaires ; et remarquez que l'émigration de 1789 à 1792, ne se trouvait pas *honorable* comme celle de 1815, puisque celle - ci fut provoquée par le Roi, et que les révolutionnaires avaient arraché à Louis XVI plusieurs lois, plusieurs actes qui défendaient d'émigrer.

On prouvera qu'il faut revenir sur la mesure du licenciement de l'armée qui fut, comme nous l'apprend Fouché dans sa lettre à lord Wellington, l'objet de ses vifs regrets. On ne se bornera plus à dire que ceux qui conduisirent leurs soldats au rebelle, qui jurèrent de ne jamais servir les Bourbons, qui en signèrent la proscription, trouvent une excuse dans les circonstances ; on prétendra qu'ils ont fait leur devoir, puisque les hommes à qui on *pardonne* (1) d'avoir violé les règlemens militaires, sont précisément ceux qui ont mieux aimé suivre le Roi, que de combattre contre lui.

Ainsi, tout général, tout officier, tout soldat de l'armée licenciée le 23 mars, a dû porter les armes contre le duc d'Angoulême, lieutenant-général du Roi ; car les règlemens militaires lui commandaient d'obéir. Ainsi la *postérité* n'absoudra pas le gouvernement du Roi de la condamnation de Mouton-Duvernet et de Travot, comme a osé le dire, à la séance du 25 avril 1816, le député Colomb, l'un des enfans perdus du parti révolutionnaire.

____

(1) Voyez la note de la page première.

Pour le futur, quand les révolutionnaires trouveront tout disposé pour un
changement de dynastie, ils invoqueront
contre le Roi lui - même, s'ils trouvent
qu'il vive trop long - temps; mais bien
certainement ils invoqueront contre son
successeur les lois qui ont *condamné les
Bourbons*, pour avoir, en quittant la
France, tenu une conduite contraire aux
lois; ils prouveront que cette conduite
n'a pas même l'excuse qu'a bien voulu
admettre l'Ordonnance du 13 novembre,
puisque, loin d'avoir provoqué leur émigration, Louis XVI avait invité ses frères
à rentrer.

Alors le Roi ne trouvera personne pour
le défendre; ce ne sera plus la masse qu'il
faudra corrompre; dans une division, il
suffira du général; dans un régiment, du
colonel; obéissance leur sera due en vertu
de *la lettre des règlemens*.

On sait qu'en fait de devoirs, et de devoirs militaires principalement, *la lettre*
est tout, et que la conduite *contraire à
la lettre*, n'excuse pas toujours par ce
qu'elle a eu d'honorable. L'histoire est
remplie d'exemples où l'on voit jusqu'à
des généraux payer de leur tête une conduite contraire *à la lettre des règlemens*,
quoique les plus *honorables motifs* les eussent dirigés, quoique les plus brillans succès
eussent couronné cette désobéissance.

On sait tout ce que peut sur le Français la crainte d'un soupçon de désertion; on sait que l'excès de ce noble sentiment à causé plus d'une erreur ; que plus d'un militaire a trahi ses devoirs véritables, en croyant faire ce qui n'en avait que l'apparence.

Qu'un nouveau 20 mars arrive ; qu'un général ordonne à ses troupes de reconnaître , de proclamer un usurpateur , qui refusera d'obéir quand *les règlemens commandent l'obéissance* , quand aujourd'hui le Roi lui-même n'appelle pas même une faute l'obéissance à celui qu'il avait déclaré *rebelle ;* et qu'il croit avoir besoin de mettre ses plus fidèles serviteurs *à l'abri de recherches pour l'avenir ?*

Jusqu'ici on avait cru que la discipline n'obligeait à l'obéissance, que tant que le commandement était donné au nom du Souverain à qui le militaire avait prêté serment. L'Ordonnance du 13 novembre a introduit un nouveau droit public ; elle reconnaît qu'un général , un colonel , *traîtres* au Roi , ont , en vertu *des règlemens militaires* , droit d'être obéis comme lorsqu'ils commandent au nom du Roi ; elle reconnaît que le Français qui a quitté ses drapeaux , devenus ceux de l'ennemi du Roi de France , a tenu *une conduite contraire à la lettre de ces règlemens.*

Vainement elle ajoute que le motif était

honorable ; par cela seul qu'elle déclare la conduite *contraire aux règlemens*, elle leur suppose l'existence légale : l'existence légale des règlemens suppose l'obligation de les exécuter, ou du moins le droit de s'y être conformé sans mériter de blâme.

Ainsi, tous sont égaux, et celui qui a été fidèle à son Roi, et celui qui a combattu contre le Roi ; ainsi Grouchy, maréchal de l'usurpateur, et Bellune, maréchal fidèle au Roi, sont sur la même ligne, si tant est que Grouchy ne mérite pas plus d'éloges, puis qu'en combattant le duc d'Angoulême, il obéissait *à la lettre des règlemens militaires*, et que la conduite du maréchal de Bellune, y était *contraire*, bien qu'elle ne puisse qu'être honorable.

Il est possible que les Ministres n'aient pas pensé à toutes ces conséquences, et que même elles leur inspirent autant d'horreur qu'à tous les bons Français ; mais le défaut d'intention criminelle, qui n'excuse pas même dans le tort qu'on fait aux particuliers, peut - il absoudre ceux qui, placés à la tête du gouvernement, fournissent des armes si terribles aux ennemis de l'autorité, dont ils sont les agens immédiats et suprêmes.

Ce serait mal connaître les *révolution-naires*, que de croire qu'ils ne prendront pas acte de cette concession, plus fatale que toutes celles que les révoltés du jeu de paume ont arrachées pendant trois ans à l'infortuné Louis XVI, et qu'ils ne sauront pas s'en servir au temps opportun.

Quand je parle des *révolutionnaires*, je n'entends point cette tourbe de misérables qui se sont souillés de crimes de toute espèce, armée toujours subsistante et nombreuse, sans doute; toujours prête à servir celui qui, sous un nom quelconque, lui donnera l'espoir du pillage; ils n'inspirent que de l'horreur et du mépris, même à ceux qui pourraient y avoir recours au besoin.

J'entends désigner les auteurs et les partisans des principes dont la révolution n'a été que la conséquence; ceux qui subordonnent tout, depuis la religion, jusqu'à la royauté, à ce qu'ils appellent *droits de l'homme* et *souveraineté du peuple*, chimère de tous les faux sages, et prétexte de tous les ambitieux. Buonaparte, au 18 brumaire, parut caresser ces idées que le premier il appela *libérales;* mais personne mieux que lui, ne connaissait les révolutionnaires, et bientôt il sut imposer silence, aux uns par la peur, aux autres par les trésors et les dignités. Elles semblaient oubliées, et c'était presque une obligation qu'on croyait avoir à cet homme, quand le mois d'avril 1814 leur a donné un nouvel essor. C'est en les proclamant, en les appliquant, que le sénat, composé des révolutionnaires, a destitué Buonaparte, pour avoir violé le *contrat constitution-nel*, et c'est dans le même esprit, dans les mêmes principes, qu'il eut l'impudence de proclamer une constitution qui *élisait le Roi légitime*, et ne lui accordait *l'installation qu'après qu'il aurait juré ce contrat*.

Les partisans de cette doctrine ne trouvèrent pas suffisantes les concessions de la Charte. Ils se plaignaient, avant le 20 mars, qu'elle eût été *octroyée* par le Roi, sans le concours du peuple. Le refus du Roi de commencer à dater son règne du 1.er avril 1814, était sur-tout l'objet de leurs plaintes, parce qu'il repoussait leur système favori du *gouvernement de fait*. Ils ne cessaient de répandre qu'il fallait des *garanties*, une *constitution*, un *Roi constitutionnel*, épouvantable expression dont le 21 janvier 1793 a tracé le commentaire en lettres de sang. (1)

Lorsqu'au 20 mars, l'armée, dans son délire, rappelait son ancien chef, les ré-

---

(1) Comme je ne suis point partisan du despotisme, je déclare que par ce mot *Roi constitutionnel*, j'entends un Roi qui régnerait *en vertu de la souveraineté du peuple*, qui gouvernerait comme *mandataire du peuple*; tel, en un mot, que fut le Roi de la constitution de 1791; tel qu'eût été le Roi de la constitution rédigée par le sénat, le 7 avril 1814; le Roi de la constitution projetée par des représentans des cent jours.

Je n'entends pas un Roi qui, comme tous ceux de la France, *jurait à son sacre de respecter et de faire respecter les lois fondamentales de la monarchie*, se croirait obligé de ne s'en écarter jamais.

volutionnaires se gardèrent bien de voir en lui leur ancien Empereur. Le moment leur parut propre à réaliser un système qui, depuis vingt - cinq ans, leur avait coûté tant de crimes. La liberté, la souveraineté du peuple, revinrent à l'ordre du jour : on les retrouve jusque dans la fameuse déclaration du conseil d'état de Buonaparte.

On se souvient encore que le 7 juillet 1815, quand le Roi était à deux lieues de Paris, *les représentans discutaient* une constitution dont l'article 1.er consacrait cette souveraineté, et rendait le monarque électif ; et Fouché, dans sa lettre à lord Wellington, avoue franchement que la marche trop rapide des alliés a seule empêché *la nation* de se donner un Roi de son choix.

Cette doctrine est le grand œuvre de la philosophie moderne ; elle est devenue pour ceux qui l'ont adoptée une sorte de religion politique ; ils dissimuleront tant que cela leur sera utile. Leur dissimulation trompera d'autant mieux que dans le fait ils sont, comme les vrais Français, ennemis de Buonaparte. Mais ce qui établit la différence, c'est que leur haine pour Buonaparte, n'est pas une suite de leur conviction que le Roi seul est Souverain légitime, c'est qu'ils admettent dans le peuple une autorité supérieure, qui peut à son gré faire et défaire les Rois.

Pour eux la légitimité n'est point cette chaîne dont le premier anneau, placé hors de tous les regards, descend du Ciel et commande en son nom l'obéissance au Roi, qui représente la divinité sur la terre; elle n'est qu'une *convenance que peut détruire une convenance nouvelle.*

Pour eux la fidélité n'est plus dans l'inviolabilité des sermens; le *Roi et la patrie* ne sont plus la même chose; porter les armes contre son Roi, est à leurs yeux un devoir, quand on sert ce que dans leur nouveau langage ils appellent *la patrie.*

Combien ils ont abusé de ce nom sacré! Ils l'invoquaient lorsqu'ils substituaient les rêves de leur métaphysique, ou les créations de leur orgueil, à l'antique édifice de la monarchie; c'est pour sauver *la patrie*, qu'ils avaient déclarée en danger, qu'on les a vus renverser le trône; et le crime du 21 janvier, dont ils n'osent plus se faire un titre de gloire, ne fut, à les entendre maintenant, qu'un *accident* amené par les malheurs *de la patrie.* C'est au nom de la *patrie* qu'ils ont sans cesse proscrit la royauté et ses partisans. Le salut *de la patrie* fut encore leur prétexte pour vendre la toute puissance à un homme qui n'était pas même né dans la patrie. Ce ne fut point le sentiment du devoir qui les réunit au Roi en 1814, mais une concession qu'ils voulaient bien faire à l'intérêt momentané *de la patrie;* aussi s'empressèrent - ils, au 20 mars, de proclamer Buonaparte sauveur de *cette patrie ;* et soumis aujourd'hui à ce qu'ils appellent la *nécessité* ou la *force des choses ,* ils méditent encore de nouvelles trahisons, comme ils prétendent justifier les précédentes, en disant qu'ils servent *la patrie ;* matérialistes d'un nouveau genre, ils ne voient dans la patrie que le sol qu'ils habitent.

Le Roi, la patrie, tels que les entendent ces hommes, ne seront jamais les nôtres. Notre Roi règne par son droit propre ; il exerce une autorité émanée de Dieu seul ; il n'en est comptable qu'à Dieu, et s'il avait le malheur d'en abuser, il ne serait justiciable qu'à Dieu.

Notre Patrie, c'est notre religion, ce sont nos institutions monarchiques, la succession du trône telle que nos pères l'ont eue et nous l'ont transmise.

Lorsqu'au 20 mars le Roi fut réduit à chercher un asile contre les attentats des séditieux qui proscrivaient sa personne sacrée et sa noble famille, le territoire français cessa d'être la Patrie ; il ne fut plus qu'une déplorable conquête de la force sur la vertu sans défense, de la révolte sur la légitimité ; qu'une vaste prison dans laquelle un peuple entier sans armes, cédait aux Bayonnettes des soldats égarés, et recevait la loi de l'usurpateur et de ses complices.

Voilà du moins ce que nous avons pensé, ce que nous avons cru, ce que nous avons imprimé, affiché dans Paris, sous l'usurpation ; et voilà ce que peut-être sous un Roi légitime, nous ne pouvons plus dire tout haut sans crainte d'être traduit en jugement.

Les vieux amis de la Liberté, car ce mot a été prononcé, ont repris leur ancienne influence. Le petit nombre d'hommes vertueux qui occupe encore des fonctions en sera exclus, les honneurs et les places attendent ceux qui, dans les cent jours ont montré une haine si furieuse contre la maison de Bourbon (1), et je frémis quand je pense que c'est le 21 janvier que j'annonce la possibilité du Rappel des Régicides.

---

(1) Au moment ou je corrige l'épreuve de ce petit écrit, on m'assure que la Pairie va être conférée à MM. *Roi* et *Laffitte*, tous deux membres très-influens de la Chambre des cent jours. Le premier a imprimé en août 1815, depuis la rentrée du Roi, que cette Chambre était la plus nationale qui jamais eut été assemblée ; le second fut du nombre des commissaires envoyés pour demander un Roi tout autre que les Bourbons règnans. La Pairie sera leur récompense ! *Non equidem invideo, miror magis.*

FIN.

84

9 782013 241953